DISTRICT

DE SAINT MARCEL.

Extrait des Regiſtres de ſes Délibérations.

Du Samedi 5 Septembre 1789.

A PARIS,

M. DCC. LXXXIX.

DISTRICT DE St. MARCEL.

Extrait des Regiſtres de ſes Délibérations, du Samedi, 5 Septembre 1789 (a).

EN l'Aſſemblée génerale de tous les Citoyens du Diſtrict de Saint Marcel, il a été fait lecture 1°. du projet du Plan de Municipalité de la ville de Paris, préſenté à l'Aſſemblée générale des Repréſentants de la Commune, le 12 Août dernier.

2°. Des motifs des Commiſſaires pour l'adopter.

3°. De la Lettre écrite au Diſtrict par M. le Maire, le 30 dudit mois.

---

(1) Sur la néceſſité de maintenir l'exécution des loix du Royaume. juſqu'à ce que l'Aſſemblée Nationale en ait autrement ordonné. Sur l'organiſation conſéquente & actuelle de notre Municipalité ; ſur la néceſſité de ne lui donner de conſtitution définitive qu'après celle de la Nation, qui doit en être la baſe ; ſur l'examen ſubſidiaire des IV titres du projet de municipalité &c.

A

4°. De l'Arrêté de l'Assemblée générale des Repréfentants, du même jour.

5°. Du travail fait fur les Tit. 3 , 4 , 5 & 16 dudit Projet, dont l'examen avoit été demandé par les Repréfentans de la Commune.

Cette lecture faite , l'Affemblée pénétrée de l'importance de la matiere & de l'intérêt que les Citoyens ont de l'approfondir , ce qui ne peut être l'ouvrage que d'un temps trop confidérable, eu égard aux circonftances.

Confidérant que le réfultat de fon travail ne peut être qu'un foixantieme de volonté , dont la conférence & la réunion entraîneroient des longeurs que la fage prévoyance de M. le Maite & des Repréfentants de la Commune cherchent à éviter.

Confidérant que , fentant la néceffité de prévenir les inconvénients de l'exécution provifoire du projet, d'accord avec le Diftrict des Récollets , dès le 29 Août , elle a fait connoître fon defir que les Repréfentants de la Commune s'occupaffent de fon examen.

Confidérant d'après la propofition de M. le Maire, de nommer cinq Députés par Diftrict, que les trois , qui forment les cent quatre-vingt Repréfentants, paroiffent trop préoccupés des travaux qui leur font confiés dans les différents Bureaux, ainfi qu'ils viennent d'en convenir, dans leur arrêté du 30 ; que conféquemment, l'examen qu'ils feroient de ce projet de Municipalité, feroit auffi languiffant, à raifon du peu de temps qu'ils y pourroient employer, que précipité dans les réfolutions, qu'ils ne prendroient plus qu'à la hâte.

Confidérant d'ailleurs, que les Loix qui doivent établir l'organifation & le régime municipal, font affez importantes pour occuper fans partage deux Députés par chaque Diftrict ; qu'ainfi dans les cinq nouveaux Députés qu'il vont nommer, il eft de leur intérêt d'en défigner deux qui ne s'occuperont que de la Conftitution Municipale, tandis que les trois autres fe livreront aux travaux multipliés de l'Adminiftration répartie dans les divers Bureaux.

Qu'alors, ces Bureaux donneront néceffairement plus d'activité aux opérations journalieres de l'Adminiftration qui, d'après l'arrêté du 30, confiftent entre autres chofes, « à prévenir les » divifions inteftines, les foulevements perpétuels, » le dénuement de toute reffource, les appro-

» visionnements , les détails y relatifs, en un
» mot la sûreté , la police & la paix qui , selon
» cet Arrêté du 30 , prennent tous leurs mo-
» ments ».

Que cela est d'autant plus nécessaire, que
l'on ne peut se dissimuler que l'absence peut-
être contrainte de plusieurs Représentants , peut
laisser languir de certaines opérations.

Que cependant, selon le vœu de M. le Maire
« Il est *pressant* que l'autorité ne soit pas trop
» divisée entre les Citoyens ; que l'intérêt de la
» Commune est de réunir cette autorité le plus
» possible , comme étant le principe de la véri-
» table force du pouvoir exécutif ».

Qu'il est en effet *pressant* de pouvoir opposer
la Loi à la force; que ces Loix , toujours *exis-
tantes*, doivent gouverner tout , jusqu'à ce que
l'Assemblée Nationale en ait autrement ordonné.

Qu'il seroit impolitique de ne pas rappeller
à cette vérité ceux qui s'égarent assez pour
croire que ces Loix du Royaume n'existent
plus.

Que si le pouvoir législatif, en ce qui concerne la Municipalité, émane de la volonté réunie des Citoyens, le pouvoir exécutif doit être abandonné au Chef de cette Municipalité, & des coopérateurs qu'il défire, qui, calculé avec la multiplicité des affaires, paroiffent néceffaires.

. Confidérant, que la Philofophie qui nous éclaire, & l'amour patriotique qui nous enflamme, ne doivent point nous rendre des pieges, dont les appas les plus trompeurs, font la préfomption & la vanité, d'où découle l'erreur.

Que l'intérêt le plus facré de la Nation, eft de ne pas laiffer prendre le change aux Citoyens qui la compofent; & pour cet effet, d'extirper les préjugés de ceux qui s'autorifent des Loix projettées, pour agir felon leur goût ou leurs intérêts, & livrer le Royaume à l'anarchie la plus dangereufe.

Confidérant que la non exécution actuelle des Decrets mêmes de l'Affemblée Nationale, porteroit également la confufion dans les efprits pervers ou peu réfléchis, fi elle ne déterminoit pas le moment où elle entend qu'ils foient fubftitués aux Loix actuelles.

A. 4

Confidérant, qu'en attendant ces Loix nou-
velles, celles exiftantes doivent d'autant plus
recevoir leur exécution entiere, que d'un côté,
il convient d'attendre la Conftitution générale
du Royaume, pour affeoir fur des bafes certaines
les Conftitutions partielles des Municipalités qui
doivent en dériver.

Que de l'autre, cette létargie malheureufe
qui laiffe nos Loix actuelles fans vigueur, en-
gendre toutes les calamités qui n'ont difparu un
moment de la Capitale, que pour fe répandre
dans la Province, où le fouffle deftructeur des
ennemis de la Nation femble autorifer le mal :
tels entre autres les menaces, les émeutes, les
révoltes, le renverfement des Barrieres, l'incen-
die des regiftres fi néceffaires pour conftater les
Droits Royaux, fans la perception defquels
l'Etat n'a plus de force ; la chaffe immodérée,
ou plutôt le brigandage dans les récoltes ; l'idée
imparfaite de la véritable liberté confondue avec
la licence, qui fomentent des entreprifes con-
traires à la fûreté généralle.

Confidérant qu'il eft toujours difficile de rom-
pre les habitudes quoique mauvaifes, d'un régime anticipé que le travail n'a pas mûri, qu'ainfi

en adoptant dès-apréfent, & fans de profondes réflexions une partie de l'organifation projettée, c'eft nuire à l'enffemble de celles que nous adopterons un jour.

Que d'ailleurs, plufieurs Citoyens ayant déja donné des plants & projets de conftitution municipale, il eft au moins jufte de les conférer avec le projet des Commiffaires de l'Affemblée de la Commune, & de péfer le tout dans la balance de l'équité & de l'intérêt commun.

Que l'on ne fauroit trop multiplier les conférences, & les réflexions profondes qui pourront écarter de notre nouvelle municipalité l'infubordination des Citoyens, la trop grande influence du pouvoir miniftériel, & l'autorité ariftocratique de tous Repréfentants de Commune, d'où naîtroit trois Defpotifmes également dangéreux, tel par exemple :

Le Defpotifme municipal que l'on peut éviter en ne laiffant pas toujours régir les mêmes Repréfentants, & en les remplaçant dans une plus grande proportion, de maniere que ceux qui refteroient, n'auroient plus affez d'influence pour conferver l'efprit fi fubtile qui pénètre les corporations ; & encore en faifant rendre un compte public aux fortants de leur geftion, & en les dégradant de la qualité de Citoyen s'ils ont prévariqués ; enfin, en appellant le pauvre comme le riche à toutes les places, lorfque d'ailleurs fes mœurs & fa capacité l'en rendront digne.

Quant aux deux autres Defpotifmes, on peut les fuir & même les extirper en ne laiffant d'influence au Miniftere que conformement à la Loi, & en foumettant les Peuples à fon execution intégralle.

Toutes ces confidérations ont déterminé l'Affemblée générale à arrêter ;

1°. Que tant que l'Affemblée Nationale n'en aura point autrement ordonné, les Loix du Royaume feront pleinement executées.

2°. Qu'ainfi les affaires quelconques des Citoyens, feront chacun en droit foit renvoyés devant les Tribunaux qui en doivent connoître.

3°. Qu'en ce qui concerne la Municipalité, & fans nuire à fon organifation projettée, ni à fes droits & privileges, M. le Maire & fes Coopérateurs ci-après défignés, jugeront toutes les conteftations jufqu'ici attribuées à la jurifdiction de la Ville, à laquelle la Police, & la

Voierie demeureront réunies, ainsi que la Garde Nationale Parisienne & l'Intendance.

Connoîtront de l'approvisionnement de Paris, & de tout ce qui peut intéresser sa sureté ; régiront leur Domaine & autres objets dont ils connoissoient : veilleront & feront la répartition & la perception des Impositions royales, administreront les hôpitaux & les atelliers de charité &c.

4°. Pour composer actuellement la Jurisdiction municipale dans les trois cents Députés qu'on élira, il sera nommé soixante Conseilliers (2) ; ou Assesseurs de M. le Maire qui les présidera, un Procureur Général de la Commune, deux ses Substituts ; un Procureur du Roi & un Substitut, un Greffier en chef & deux Greffiers d'expédition, qui seront aidés par des Commis en nombre suffisant.

Tout ce qui sera jugé par ce Tribunal de police & de régie de la Municipalité, sera éxécuté sans appel.

Le tout y sera instruit & porté sur simple mémoire, & sans frais.

---

[2] Ces 60 Conseillers devroient avoir le pouvoir de nommer dans les autres Citoyens non Députés, les, *Procureur Général, &c.*

Les 60 Conseilliers qui seront pris dans les Députés, à raison d'un par chaque District, serviront par Trimestre, à raison de quinze membres partagés par la voie du sort.

Les quarante cinq restants seront, pendant leur vacance, répartis avec cent vingt autres Députés pour remplir les fonctions des Bureaux.

Provisoirement, tout ce qui sera avisé dans les Bureaux sera exécuté, & s'il n'y a pas de réclamation dans la huitaine, cette exécution demeurera définitive : dans le cas contraire, la jurisdiction de M. le Maire en ordonnera.

Ces Bureaux de la Municipalité pourront être divisés en quatre principaux, appellés *Généraux*, avec faculté à chacun de ces quatre Bureaux d'en établir des particuliers pour de certaines parties.

Le premier de ces Bureaux, dit de *Sûreté*, sans laquelle les meilleures loix sont stériles, appartiendra nommément aux Militaires; le Chef actuel indique assez les vertus qu'il faut réunir pour y être admis.

Le second de Police, de Voierie & d'Administration, appartiendra singulierement aux Légistes, non pas feulement à ceux qui n'ont que de la théorie, mais à ceux qui réuniffent la pratique.

Le troifieme *des Subfiftances & Approvifionnement* : les Manufactures, Artiftes, Artifants, Marchands, Négociants, Banquiers, doivent particulierement le compofer.

Et le quatrieme, des Mœurs, de la Religion & de l'Education, fera particulierement compofé d'Ecléfiaftiques, & d'autres perfonnes dont l'Etat & les talents feront connus.

Pour organifer & conftituer la Municipalité, & lui donner les loix qui lui conviennent, il fera établi une Chambre, (*ditte d'Organifation*) à l'Hôtel-de-Ville, laquelle fera compofée de fix des Commiffaires qui ont travaillé au projet, & qui en feront les Rapporteurs, & de cent vingt Députés, à raifon de deux par Diftrict.

Cette Chambre ne tiendra de Séance que tous les deux jours, huit heures du matin jufqu'à une heure ; mais les Députés qui la compoferont, pourront alors dans le temps intermédiaire, méditer & approfondir les matières : il en réfultera deux biens également effentiels : le premier de mieux voir, & le deuxieme, de préparer d'une maniere concife le développement de leurs idées, en forte que le

temps des Séances ne se perdra plus en dif-
cuffions, ou trop longues ou même étrangeres ;
& en peu de mots, on pourra s'attacher aux
véritables chofes.

M. le Maire, qui pourra préfider par tout,
connoîtra feul & par provifion, de tous les faits de
police qui lui feront renvoyés par les Diftricts,
lefquels pourront également juger par provifion,
ce qui ne fera pas de la compétence ordinaire du
Châtelet & du Parlement; où alors les conteftations feront renvoyées, foit devant le Lieutenant civil, foit devant le Lieutenant criminel,
foit devant les Commiffaires qui, au furplus, con-
ferveront chacun leur compétence jufqu'à ce que
l'Affemblée Nationale en ait autrement ordonnée.

Le Châtelet & le Parlement feront invités à
continuer de s'occuper des fonctions que les loix
actuelles toujours exiftantes leur déferent, fauf
la Police, la Voierie, & les Impofitions qui
refteront au Corps municipal en dernier reffort.

Pour donner une fanction légitime à ce que
deffus, il en fera porté expédition à l'Affemblée
Nationale (s'il en eft ainfi ordonné) par l'Affemblée de la Commune, & les Repréfentants
de la Nation feront fuppliés, toutes chofes cef-

fantes, d'en ordonner l'exécution. La paix & le maintien actuel des loix étant préférable à tout, même à la fageſſe des décrets futurs.

Comme l'intérêt général doit être la baſe de toutes déciſions, l'Aſſemblée de Saint-Marcel, au nom de la Patrie, forme des vœux pour que l'on foule aux pieds toutes idées préſomptueuſes & toute vaine gloire, qui ne pouroient qu'avilir l'eſprit & l'ame des François, dont le ſentiment intime doit être mû pour le bien de tous : qui peut en effet mieux procurer ce bien, que l'exé-cution actuelle des loix du Royaume ? En attendant que les Repréſentants de la Nation en aient réſolu & décrété de plus convenables à nos mœurs, à notre liberté & à nos droits, toujours exiſtants & toujours impreſcriptibles ?

Si, contre les principes ci-deſſus, les autres Diſtricts, vouloient dès-apréſent démembrer de l'édifice de l'organiſation, les parties indiquées par l'Arrêté des Repréſentants du 30 Août, ce qui paroîtroit contraire à l'enſemble d'une bonne conſtitution, pour prouver à la Commune que le Diſtrict de Saint-Marcel, n'a cherché que le bien général, & qu'il eſt éloigné de s'oppoſer à la pluralité de ſuffrages, *ſubſidiairement,*

il s'eft occupé de l'examen des Titres 3 , 4 &
5 & du Titre particulier qui concerne les
Diftricts.

Ayant mûrement réfléchi fur le tout, l'Affemblée a unanimement arrêté que fi on exécutoit
ces titres, ce ne pouvoit être que de la maniere
fuivante.

T I T R E III.

De l'Affemblée Générale des Repréfentants de la
Commune.

ART. I & II. Accordés.

ART. III. Au lieu de ce qui y eft dit , fubf-
tituer :

Etant jufte que tous les Citoyens capables ad-
miniftrent tour-à-tour la Municipalité , & que
par un changement fuffifant nul efprit de Corps
n'étouffe l'efprit & la véritable volonté de la
Commune , moitié fortira à la fin de la pre-
miere année , & l'autre moitié, la feconde.

Comme il n'y a que foixante Diftricts, &
que deux membres par chacun ne font que cent
vingt, les trente de furplus fortiront par la voie
du fort entre les Diftricts, le fortant fera le dernier

nier élu des Membres de chaque Diſtrict, & qui ne ſera pas Conſeiller de ville.

Mais l'année ſuivante, ces trente Députés à ſortir, feront pris dans les trente Diſtricts qui auront conſervé leurs Députés, & ainſi ſucceſſivement.

Les Membres qui ſortiront, feront remplacés par leurs Diſtricts, & ne pourront être réélus qu'un an après leur ſortie.

Art. V. Supprimé en entier, par la raiſon que cet Art. comparé avec l'Art. VIII. du titre IX. un même Député reſteroit près de dix ans, ce qui eſt contraire à l'eſprit d'égalité entre les mêmes Citoyen.

Art. VI. Accorde

Art. VII. Accordé juſqu'aux mots Art. II. du Titre des Elections, qu'il faut remplacer de ceux-ci :

Aucun Failli ni Débiteur inſolvable, qui n'aura point juſtifié juridiquement & authentiquement, que ſa détreſſe n'a pas dépendu de lui, mais que des pertes réelles en ſont la cauſe, non plus que celui qui le pouvant, & qui n'aura

B

point affirmé le contraire, n'aura point acquitté les dettes de son pere, ne pourront être élus ni occuper aucune des places, soit de la Commune, soit dans les Districts.

ART. VIII. IX. X. XI. XII. & XIII. Accordés; mais parler au futur.

ART. XIV. Accordé, mais faculté aux Districts de fixer leurs dépenses particulieres.

ART. XV. Au lieu de quatre-vingt Membres, soixante suffisent. Autant qu'il seroit possible, un de chaque District, & au moins de trente & un, pour que la pluralité enchaîne la minorité.

ART. XVI. Accordé.

TITRE IV.
Du Conseil de Ville.

ART. I. Au lieu de ce qui y est, ce qui suit :

Le Conseil de Ville sera composé du Maire, du Commandant-Général, du Procureur-Général de la Commune, de deux Substituts, du Procureur du Roi & d'un Substitut, de huit Présidents de département, & de quarante-sept Conseillers-Assesseurs, en tout soixante-deux.

Cet Article ainsi adopté, effacera le mot *Echevin*, qui doit disparoître avec celui de Prévôt des Marchands. On doit oublier l'injustice qui a perpétué ces places d'Echevins dans les Six-Corps & dans une classe de Notables, tandis que les Manufactures , le Commerce en général , & les autres classes de Notables en étoient exclus.

D'ailleurs , il en résultera une égalité plus parfaite entre les Citoyens.

ART. II. Accordé, en ajoutant, après les mots Assemblée-Générale : *des 300 Représentants.*

ART. III. Accordé ; mais parler au futur.

ART. IV. Au lieu de ce qui y est, dire : nul des Représentants sortants de charge ne pourra être réélu qu'après une année de vacance.

ART. V. Accordé ; mais après le mot *faillite,* ajouter la conjonction &.

ART. VI. Accordé ; mais après les mots Assemblée-Générale *des Représentants* , ajouter *ad hoc* , & ôter en cet Article comme ailleurs, le mot *Echevin.*

ART. VII & VIII. Accordés.

TITRE V.

Du Bureau de la Ville.

Art. I & II. Accordés.

Art. III. Accordé ; mais au lieu des mots *font réfervés*, mettre *feront réfervés*.

Art. IV, V & VI. Accordés.

TITRE XVI.

Des Affemblées de Diftrict, de leurs Comités & Officiers.

Art. I. Accordé; mais parler au futur & ajouter au bas :

Bien entendu que les Diftricts pourront affembler leur Commune toutes les fois que le Comité le croira néceffaire.

Art. II, III & IV. Accordés.

Art. V. Accordé, en y ajoutant *un Suppléant, un Vice-Préfident* qui exercera en l'abfence des autres, & aura toujours voix délibérative : le Comité pourra toujours délibérer avec fept Membres, tout compris, & il pourra fe nommer tel nombre de Secrétaires non-foldés que la multiplicité de fes affaires exigera.

Art. VI. Accordé, en supprimant l'*incapacité du Président lorsqu'il seroit Membre du Conseil de Ville*, attendu que le Président d'un District *est l'organe le plus immédiat* qui peut porter à l'Assemblée-Générale le vœu, les intérêts & les nécessités de sa Commune, & de retracer les résolutions & l'esprit de l'Assemblée-Générale aux Citoyens de son District.

Art. VII, VIII & IX. Accordés.

Art. X. Ajouter tous les huit jours au lieu de quinze.

Art. XI & XII. Accordés.

Art. XIII. Accordé ; mais en ajoutant : *ils donneront* des ordres pour faire exécuter, &c.

Art. XIV. Accordé.

Art. XV. Ajouter : le *Président* ou Membre.

Art. XVI & XVII. Accordés.

Art. XVIII. Accordé, en ajoutant les mots *caution valable.*

Art. XIX & XX. Accordés.

Ajouter un XXIe. Article ainsi conçu: Ils auront

l'infpection & donneront fur les Etabliffements infalubres, leurs avis à l'Affemblée générale qui en décidera.

Dans tous les cas, l'Affemblée générale reconnoiffant la néceffité de compofer la Municipalité de trois cents Membres, non compris les deux Chefs, M. le Maire & M. le Commandant-Général, ce qui donne à chaque Diftrict cinq Députés ; fur la démiffion propofée par le Comité & les Députés en l'Affemblée, du premier de ce mois, & réitérée cejourd'hui par le Comité, il a été décidé unanimement qu'il feroit à l'inftant procédé par la voie du fcrutin à l'élection de cinq Députés, dans lefquels on indiqueroit lequel des cinq feroit Préfident du Diftrict, &c.

L'Affemblée a enfuite déclaré Membre né du Comité, le Commandant du Bataillon du Diftrict, & qu'il étoit éligible pour les fonctions de Député à l'Hôtel-de-Ville, &c.

Elle a furfis à élire un Secrétaire Greffier foldé, jnfqu'à ce que l'organifation définitive de la Municipalité foit arrêté.

P. S. L'Affemblée a ordonné l'impreffion de cette Délibération , &c. & par celle du 7

Septembre préfent mois, l'Affemblée a donné tout pouvoir à fes cinq Députés de coopérer avec ceux des autres Diftricts, à l'organifation de la Municipalité & à fon adminiftration générale. Elle s'en rapporte à l'intérêt qu'ils doivent prendre pour le bien de la Commune, de fe diftribuer dans les opérations à faire au Corps-de-Ville, felon leur connoiffance & capacité.

THORILLON , Préfident.

SANTERRE,
COZETTE , } Vice-Préf.

BIDAULT,
l'Ab. ALLAN,
PLANCHE,
OGER , } Secrétaires.

ACLOQUE , Comandant du Bataillon.

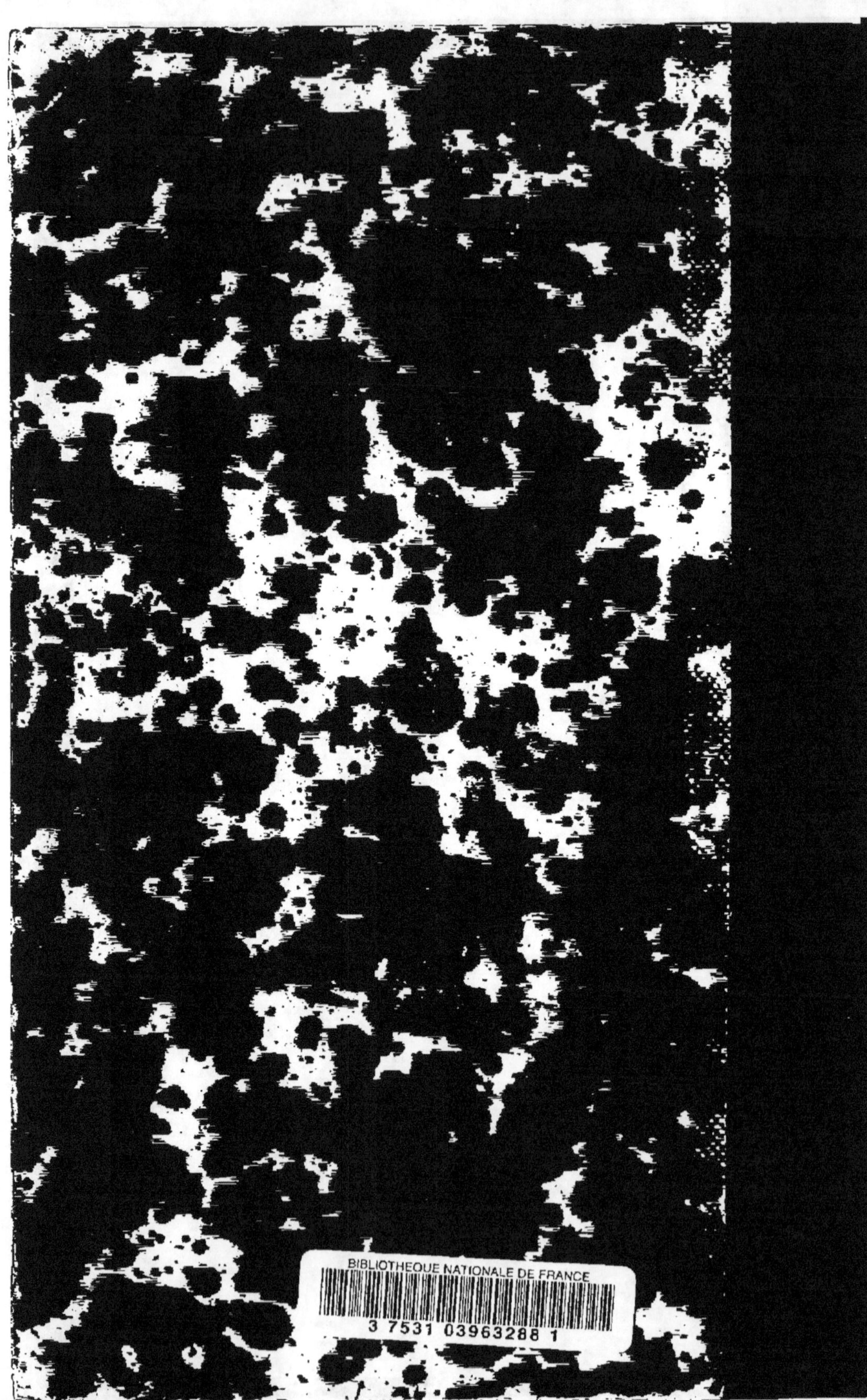